COUP D'ŒIL

Sur les derniers Volumes publiés par le Sieur Tolendal, se disant Comte de Lally-Tolendal.

ILS sont intitulés : *Mémoire produit au Conseil d'Etat du Roi ;* je nie le titre. On les annonce *imprimés à Rouen, chez la veuve Besongne ;* je nie le fait. Ces Volumes nouvaux sont composés en partie des absurdités & des horreurs sourdement débitées au Conseil, en partie de nouvelles horreurs & de nouvelles absurdités ajoutées aux premieres. Celles-ci viennent de Rouen, les autres sont sorties de la presse de Dijon. Il est aisé de s'en convaincre par la différence des caracteres, elle saute aux yeux : & je demande aux lecteurs la permission de les y renvoyer.

Ce n'est pas que je conteste à mon Adversaire le droit d'enchérir au Parlement sur ses calomnies au Conseil : mais je ne pense pas qu'il ait celui de nous donner, sous le titre de *Mémoire au Conseil,* ses nouvelles & malheureuses imaginations *au Parlement.*

Ce Mémoire au Conseil, si artificieusement tissu, si clandestinement imprimé à Rouen, si mystérieusement distribué aux Juges de Normandie, avec cette note incroyable, *pour vous ſeul*, *Monſieur*, je le poſſéde en manuſcrit. Mais, malheureuſement, ce manuſcrit devenu ſi précieux, je l'ai laiſſé à Paris. Tout ce que je puis faire aujoud'hui, c'eſt d'affirmer qu'il différe en bien des points, ſur des points capitaux; par exemple, ſur la plupart des faits qui concernent mon oncle, des nouveaux imprimés. Mon Adverſaire ſera-t-il bien aſſez hardi pour affirmer la propoſition contraire?

De ce faux intitulé, paſſons à l'exorde. Mon Adverſaire y parle de ſon état. Il ſe prétend fils légitime du Comte de Lally. Mais comment le prouve-t-il? par les titres que la Loi lui demande? par la poſſeſſion qui ſupplée à ces titres? Nullement. Il tâche de le prouver par de vaines déclamations, & pour trancher le mot, par un vrai bavardage. Mettons fin une bonne fois à cet enfantillage, qui n'a duré que trop long-temps. J'évitois d'en parler, on l'a vu à Rouen; mon Adverſaire m'a provoqué, quoiqu'averti. Sa naiſſance eſt un malheur. J'étois bien éloigné de penſer à l'en faire gémir. Mais je dois encore moins le laiſſer ravir aux Loix, à la poſtérité, aux innocens abſous, les avantages qui réſultent pour eux de ſon véritable état. Il m'a forcé, en prenant avec moi des qualités qui ne ſont pas les ſiennes, à rompre le ſilence; rompons-le nettement, expliquons-nons enfin, publions, ſoumettons au jugement des Magiſtrats, des Citoyens, les vrais motifs de notre ſévérité. Je ſoutiens que mon Adverſaire eſt fils naturel du feû Comte de Lally, qu'il n'a jamais été légitimé, *ni par Lettres du Prince*, *ni par mariage ſubſéquent* : je ſoutiens qu'il n'a jamais ſoumis au Conſeil les preuves de ſon état : je ſoutiens avec la Comteſſe de la Heuſe, propre niéce du Comte de Lally, que les piéces toujours citées, & jamais produites, à l'appui de cette prétendue légitimité, ſont inſuffiſantes, ou fabriquées: je ſoutiens, en un mot, que c'eſt un homme ſans état, ſans qualité, qui, ſurprenant la religion du Conſeil, a fini par obtenir, ſans Lettres de relief de laps de tems, la caſſation d'un Arrêt rendu depuis douze ans; & d'un Arrêt ſolemnel, unanime, qui, condamnant un homme déjà condamné par le cri de l'univers, en avoit renvoyé huit autres de l'accuſation, à la tête deſquels ſe voyoit le Comte d'Aché, Vice-Amiral de France. Citoyens, Magiſtrats, Guerriers, peres de famille, fils Religieux, hommes innocens, hommes infortunés, hommes enfin, qui que vous ſoyez, vous tous que mon Adverſaire prend à témoin de ſes efforts, je vous atteſte à mon tour, voyez les miens, penſez-y, & frémiſſez. On vous accuſe, on vous implique dans un procès capital, on vous arrête. Il ſe trouve un coupable, on le condamne; vous êtes innocens, on vous abſout: on vous rend, avec l'honneur, la liberté; vous croyez en même temps qu'on vous rend le repos: comme vous, d'autres le penſent: le Roi vous honore de ſes graces, le Public de ſon eſtime; des peres ſages vous accordent leurs filles; ces unions donnent le jour à des enfans qui ſe croient nés de parents inrréprochables: eh bien! Le Roi eſt dans l'erreur, le Public, vous, vos parens, vos enfans, la même erreur vous ſéduit tous. Dans un an, dans deux ans, dans douze ans, dans vingt ans, car, je l'ai dit ailleurs, ſi douze ans n'ont pas ſuffi, quel ſera le terme? dans vingt ans, un homme ſans qualité, ſous le nom du coupable, ſans Lettres de relief, ſans communication, à votre inſu, vous fera replonger dans les horreurs de ce procès qui menaçoit vos têtes; de ce procès terminé par un Arrêt, dont la Loi, dont la Patrie, dont la Patrie entiere vous garantiſſoit l'immutabilité. Il faudra que vous penſiez à vos jours une ſeconde fois pour le même ſujet ; il faudra que vous abandonniez une ſeconde fois vos demeures, vos affaires, vos femmes, vos enfans ; il faudra que vous veniez des extrêmités du Royaume, répondre une ſeconde fois au Miniſtere public des mêmes faits, courir les mêmes dangers, & peut-être ſubir . . . . je n'acheverai pas, la main me tremble, la plume en tombe. . . . . Non, Loix de mon Pays, Principes ſacrés qui veillez ſur la vie des hommes, non, vous ne ſouffrirez pas de cet exemple ; les Cours y penſeront, le Roi ſera inſtruit, & votre empire n'en deviendra que plus inébranlable. Mais moi, n'ai-je pas dû combattre ce phantôme élevé contre la Loi & l'innocence ? n'ai-je pas dû, moi le pouvant, déchirer avec courage le voile trop épaiſſi dont ſa naiſſance étoit couverte ? n'ai-je pas dû le ſuivre dans ſes détours, le forcer dans ſes retranchemens, & l'obliger à s'avouer pour ce qu'il eſt, tantôt par ſon ſilence, & tantôt par ſes ſubterfuges ? n'ai-je pas dû, en montrant la vérité, ſoutenir les ames fortes, éclairer, ranimer les ames foibles, porter dans ces dernieres, accablées par l'audace, endormies par une fauſſe compaſſion, cette pure lumiere, cet heureux frémiſſement, ce ſentiment de vie, qui ramene aux principes ? enfin, n'ai-je pas dû préparer ainſi les voies, par des faits non moins certains que ſurprenans, à la juſte & courageuſe réclamation des Magiſtrats, contre un événement qui ne laiſſeroit plus de reſſource à l'innocence ? Mais quoi ? cette innocence, la faveur qu'elle mérite, j'entends qu'on me l'objecte. Ah ! lecteur, y penſez-vous ? La faveur de l'innocence eſt-elle due après douze ans, eſt-elle jamais due à l'homme condamné par un Arrêt, plutôt qu'à l'homme abſous ? Rentrez en vous-même, & prononcez.

Je me hâte, j'arrive aux trois propositions; *prouvons, qu'il n'a pas été coupable; prouvons qu'eût-il été le plus coupable des hommes, il a été mal jugé; prouvons que d'après l'état du procès, il ne pouvoit pas être bien jugé.*

LE GÉNÉRAL LALLY N'A DONC PAS ÉTÉ COUPABLE?... Voyons; mais partons d'un principe. PRODITOR IS EST CUJUS OPE, CONSILIO-VE CIVITAS VEL PROVINCIA HOSTIBUS TRADITA EST. *Celui là est un traître par le moyen ou le conseil de qui la Ville ou la Province est livrée aux ennemis.* Ce n'est pas moi qui parle ainsi, c'est la Loi; avançons.

Le Général Lally a rendu Pondychéry aux Anglois le 16 Janvier 1761; ce fait considéré à part est *l'evénement.* Or, cet événement, d'autres faits l'ont amené, & ces faits antérieurs sont la *conduite*, sont le *dessein.* Ce n'est pas encore moi qui parle ainsi, c'est toujours la Loi: elle distingue *l'événement* de la *conduite* ou du *dessein*, *consilium & eventus.* Maintenant, prouvons que cet homme, *qui n'a pas été coupable*, a trahi son Souverain par *l'événement* tout à la fois & *la conduite*; & qu'ainsi tout le condamne, *consilium & eventus.*

Qu'on me permette de procéder par questions.

LE GÉNÉRAL LALLY N'A-T-IL PAS FEINT L'ENVIE DE CAPITULER? vous le niez! il faut que je le prouve: écoutez donc. . . . . *Il est temps de commencer à travailler à un projet de Capitulation, si l'on est dans le dessein d'en demander une*

. . . .

. . . .

C'est pourquoi je suis d'avis qu'en votre qualité de Commandant des Troupes de cette Place, vous demandiez à M. de Leyrit d'assembler un conseil mixte, & non pas un Comité, que le Pere

Lavaur y ſoit admis , & qu'on y délibere , non pas dans une ; mais dans deux ou trois ſéances, ſur ce qu'il eſt le plus avantageux de faire , ſoit pour expoſer la Ville au ſac , ſoit pour l'en garantir. . . . .

Je vous envoie ci-incluſ le modèle de la CAPITULATION PARTICULIERE *que je vous prierai de faire paſſer à M. Coote,* AVEC CELLE DE LA COLONIE , *quand le temps viendra.*

JE ME DÉCLARE PRISONNIER DE GUERRE DE SA MAJESTÉ BRITANNIQUE , JE NE DEMANDE AUCUNS HONNEURS, NI AUCUNE CAPITULATION PERSONNELLE POUR MOI, ET JE ME REMETS A LA DISCRÉTION DE M. COOTE.

Voilà une lettre bien poſitive. *Il eſt temps de travailler à un projet de Capitulation.* . . . .

Je vous envoye le modele D'UNE CAPITULATION PARTICULIERE pour la faire paſſer à M. Coote , AVEC CELLE DE LA COLONIE , *quand le temps viendra.*

De quelle date eſt cette lettre ? Du 24 Décembre 1760. A qui eſt-elle écrite ? Au Comte de Landiviſiau, le plus ancien alors des Brigadiers. Par qui eſt-elle écrite ?. . . Par qui ? Par le Comte de Lally. Lecteur , qui ſavez l'événement, ne vous récriez pas, & ſouffrez que je pourſuive. Par qui cette lettre eſt-elle citée ? Par le Comte de Lally , dans ſon Mémoire, Piéces juſtificatives ; n°. 81 ? Par qui a-t-elle été interprêtée ? Toujours par le Comte de Lally. Dans ce même Mémoire, au bas de cette lettre, ſur la phraſe , *je me déclare priſonnier de guerre de Sa Majeſté Britannique*, on lit la note ſuivante : *il ne ſauroit y avoir d'équivoque ſur cette derniere phraſe, qui ne ſe rapporte qu'à la perſonne du Comte de Lally. Il craignoit que s'il eût demandé les conditions qu'il eſt d'uſage d'accorder aux Comman-*

dans, on n'eût essayé de lui en faire un crime : mais tout le surplus de la Lettre annonce le plus clairement, combien le Général souhaitoit que la Colonie capitulât. *C'est ce que la Lettre postérieure du 27 Décembre, démontre avec la plus grande évidence.*

En effet, cette Lettre du 27 Décembre ne laisse rien à désirer sur ce point capital. Mais voyons auparavant la réponse du Comte de Landivisiau.

Pondichéry, le 24 Décembre 1760.

Monsieur,

Je sens que je dois répondre à la Lettre que vous m'avez fait l'honneur de m'écrire aujourd'hui. Vous ne l'avez pas écrite pour moi seul, car pourquoi écririez-vous à quelqu'un, qui, logeant à portée de votre voix, peut & doit, à chaque heure du jour & de la nuit, recevoir vos ordres? J'avoue que j'hésite sur ma réponse. Je tremble qu'avec tant d'esprit vous ne croyez y appercevoir quelque chose qui ne parte point du fond d'un cœur droit, sincere & plein de respect pour vous. N'importe, la pureté de ma conduite & de mes sentimens me rassure. Je vous crois d'ailleurs bien convaincu de ma façon de penser, & en conséquence je vous prie de me permettre quelques représentations. 1° Sur la Lettre que vous m'ordonnez d'envoyer à M. Coote, à laquelle je n'ai que ma signature à mettre, & 2° Sur celle que vous m'avez adressée. . . .

. . . .

. . . . . . *Non, Monsieur, tant que vous vivrez, tant que je vous verrai revêtu de vos pouvoirs, je ne puis rien imaginer, rien exécuter, rien prétendre que par vos ordres exprès; & je vous conjure de ne point exiger autre chose de moi. Ce seroit contre mon devoir, ce seroit me perdre. Votre Lettre ne me fait point un titre, ni une autorisation dont je puisse partir. Vous savez que depuis un mois vous avez déclaré plusieurs fois hautement, que vous ne vous mêliez plus du Civil, ni du Militaire, que vous m'aviez tout renvoyé. Malgré cela, tout est resté dans l'ordre, où il doit être. J'ai toujours bien pris vos ordres sur tout. . . .*

. . . .

Vous m'envoyez d'avance, Monsieur, le modele de la Capitulation particuliere que vous voulez faire pour vous avec le sieur Coote, quand le temps viendra. Mais nous abandonnerez-vous quand le temps viendra? s'il vient, n'est-ce pas à vous à faire notre sort, & à nous à suivre le vôtre?

Je suis, avec respect, &c. Signé, *DE LANDIVISIAU.*

Et cette Lettre est mise par le Comte de Lally au rang de ses Piéces justificatives, nº 82.

A cette noble & prudente réponse que réplique le Général? le voici.

A Pondichéry, le 27 Décembre 1760.

J'ai lu, Monsieur, le Vocabulaire Français que vous m'avez fait l'honneur de m'envoyer, que vous me permettrez de vous dire n'être point une réponse à la Lettre que je vous ai écrite. . . .

. . . .

. . . .

Ce n'est point de vous seul, Monsieur, tout Officier consommé

que

que vous êtes ; que je prétends faire dépendre les conséquences du parti que la Colonie a à prendre dans ce moment critique ; c'est de l'assemblée mixte du Conseil & du Militaire. . . . .

. . . .

CE N'EST POINT UNE CAPITULATION DE GARNISON SIMPLE, C'EST UNE CAPITULATION DE COLONIE ENTIERE ; AINSI ELLE REGARDE LE CIVIL AUSSI BIEN QUE LE MILITAIRE, & je n'ai prétendu exiger de vous que ce que je serois obligé de faire, si ma santé me mettoit en état d'y vaquer.

En un mot, c'est la derniere sommation que je vous en fais de la part du Roi. Je ne connois point les enfantillages, & encore moins les motifs de votre perte que vous m'annoncez en y obéissant..

. . . .

Et cette lettre est encore mise par le Comte de Lally au rang de ses piéces justificatives, nº. 83.

Le Comte de Landivisiau pressé si vivement, obéit & répond.

Du 28 Décembre 1760.

MONSIEUR,

Vous êtes obéi, j'ai communiqué à M. de Leyrit des ordres réitérés que vous m'avez donnés, de lui demander la convocation d'un Conseil mixte, à l'effet de travailler à un projet de capitulation pour le Civil & le Militaire, si on en veut une.

Permettez-moi de vous représenter que cette démarche dans ce moment lui a paru, ainsi qu'à moi, un peu précipitée.

En voici les raisons. . . . .

. . . .

. . . .

D'ailleurs, devons-nous nous résoudre à demander une capitulation, lorsque vous me faites l'honneur de m'écrire que vous étiez bien résolu de n'en point demander, si vous vous fussiez bien porté, & lorsque vous voulez en faire une à part pour vous, par laquelle vous vous remettez à la discrétion de l'ennemi? N'est-ce pas nous expliquer votre façon de penser, & tracer en quelque sorte la voie que du moins le Militaire doit suivre? . . . .

La premiere idée qui viendra à tous les membres de ce Conseil, sera de demander jusqu'à quel jour nous pouvons subsister; car c'est de ce jour prévu qu'on voudra partir pour penser à se rendre. Je ne suis point en état d'en rendre aucun compte: ne trouvez-vous pas à propos, Monsieur, qu'au préalable je prie M. Dubois de travailler avec moi sur cet article? Je lui communiquerai vos ordres, nous travaillerons ensemble à réformer les abus dans les distributions, car il y en a. On n'a pas osé jusqu'ici vous en informer; mais dans ce moment-ci il n'y a plus à dissimuler: permettez-moi de vous en instruire sans ménagement pour personne. Si une réforme pouvoit nous valoir seulement huit jours de délai, vous seriez bien content.

Je verrai, si vous le jugez à propos, le Pere Lavaur: la confiance que l'on a en lui, son zèle, ses ressources nous pourront faire gagner encore du temps.

Nous verrons ensemble plusieurs Citoyens que nous engagerons à donner ce qui leur reste.

Peut-être trouveroit-on quelques ressources par la voie de l'ennemi qu'on n'a pas osé employer jusqu'ici, de crainte de se rendre suspect. Permettez-moi de lâcher la main là-dessus.

En prenant ces mesures, n'étant point gêné dans la confiance, & mettant à part toute suspicion, je crois qu'on peut encore allonger la courroie, & du moins se fixer à peu près l'époque d'une reddition forcée.

Votre avis n'est-il pas, Monsieur, de suspendre l'assemblée jusqu'à cette connoissance? . . . .

Je suis, &c. Signé, *LANDIVISIAU*.

Et cette lettre est toujonrs mise par le Comte de Lally au rang de ses piéces justificatives, nº 84.

Mais enfin que répond le Général à cette question si naturelle & si pressante, *votre avis n'est-il pas Monsieur, de suspendre l'assemblée jusqu'à cette connoissance?* rien, absolument rien; & l'assemblée ne se tient pas, & l'affaire en reste là: & cet homme *qui trouvoit le temps venu de travailler au projet de capitulation: qui remettoit ses pouvoirs à M. de Landivisiau: qui vouloit qu'on assemblât un Conseil mixte pour dresser ce projet de capitulation: qui ne vouloit point en même temps capituler pour sa personne, mais bien se rendre à discrétion: qui traitoit cet abandon de lui-même, de lui Commandant des Troupes & Commissaire du Roi, de capitulation particuliere:* qui disoit de l'autre Capitulation: *CE N'EST POINT UNE CAPITULATION DE GARNISON SIMPLE, C'EST UNE CAPITULATION DE COLONIE ENTIERE, & qui sommoit enfin M. de Landivisiau pour la derniere fois, au nom du Roi, d'y travailler:* cet homme dis-je, du moment qu'on obéit, mais qu'en obéissant, on lui propose *de prendre des mesures, d'acquérir des connoissances*, & qu'on lui demande *si son avis n'est pas de suspendre l'assemblée jusqu'à ces connoissances*, garde un profond silence, n'assemble ni Conseil supérieur, ni Conseil national, ni Conseil mixte, & reprend ses pouvoirs pour ne rien faire..... je demande *s'il avoit réellement, ou s'il feignoit l'envie de capituler?* L'événement en dira bien davantage; mais déjà le fond de son ame n'est il pas à découvert? suivons mes questions.

LE GÉNÉRAL LALLY N'A-T-IL PAS PERMIS AU CONSEIL SUPÉRIEUR DE DRESSER UN PROJET DE CAPITULATION?... oui; mais la preuve? la voici: JE VOUS AI DÉJA DIT ET VOUS RÉPETE FORMELLEMENT QUE VOUS ÊTES LE MAITRE DE FAIRE AUPRÈS DE M. COOTE ET DE M. PIGOT TOUTES LES DÉMARCHES QUE VOUS JUGEREZ NÉCESSAIRES? *Lettre de M. de Lally à M. de Leyrit, du 13 Janvier 1761* : & dans une lettre de la veille, le Général avoit écrit au Gouverneur, *ce ne sont point ici les Troupes seules qui capitulent, c'est une Colonie.*

LE GÉNÉRAL LALLY N'A-T-IL PAS D'ABORD REFUSÉ DE LIRE LE PROJET DE CAPITULATION DRESSÉ PAR LE CONSEIL? N'A T-IL PAS DIFFÉRÉ CETTE LECTURE AUTANT QU'IL A PU?.... Oui, jusqu'au lendémain matin : prouvé par les dépositions des témoins, par les aveux de l'accusé, par un procès-verbal du Conseil & des Supérieurs d'Ordre : le Général *se disoit malade, & que dans quize jours il se feroit faire l'opération de l'empième*, à laquelle les Médecins n'avoient jamais pensé.

N'A-T-IL PA LU ENFIN CE PROJET DE CAPITULATION, MAIS POUR LE TOURNER EN RIDICULE, L'APOSTILLER COMME L'ENNEMI LUI-MÊME AUROIT PU FAIRE?... Oui : prouvé par la piéce même; elle étoit sous les scellés du Gouverneur de Pondichéry, la quatriéme de la cote 109 de l'inventaire : les Commissaires du Parlement l'en ont tirée : on l'a représentée à M. de Lally : elle est au Greffe de la Cour.

N'A-T-IL PAS FORCÉ PAR-LA DE RÉDIGER UN AUTRE PROJET DE CAPITULATION? APPROUVÉ CELUI-CI? SOUFFERT QU'ON NOMMAT DES DÉPUTÉS POUR LE PORTER A

L'ENNEMI ? Oui ; ce ſecond projet exiſte, il eſt au procès ; & M. de Lally a non ſeulement ſouffert, mais autoriſe la nomination des Députés ; mais concouru à cette nomination ? mais de ſon propre aveu conſigné dans ſon Mémoire, pag. 656, ſubſtitué le ſieur Tobin, Interprete, au Chevalier Law.

N'A-T-IL PAS RETARDÉ LE DÉPART DE CES DÉPUTÉS JUSQU'A CE QUE LA VILLE N'EUT PLUS DE VIVRES QUE POUR DEUX HEURES ? Oui ; prouvé par toutes les charges, par le procès-verbal cité plus haut, par le fait même : le projet eſt du 14, porté à M. de Lally le 14 : le Pere Lavaur ne ceſſoit de le ſolliciter pour le départ des Députés ; il n'a voulu y conſentir que le 15 après dîner, & voici pourquoi :

N'A-T-IL PAS FAIT ACCOMPAGNER CES DÉPUTÉS D'UN OFFICIER PORTEUR D'UN ÉCRIT PARTICULIER, ET CACHETÉ, PAR LEQUEL IL SE RENDOIT A DISCRÉTION, EN AVERTISSANT L'ENNEMI DE L'ÉTAT DE LA PLACE ? Oui, lecteur, l'écrit eſt au procès ; le Général a ſoutenu que c'étoit une Capitulation. Son Défenſeur ſoutient encore que c'étoit une Capitulation. Vous allez en juger.

La priſe de Chandernagor, contre la foi des Traités, d'une neutralité qui a toujours ſubſiſté entre toutes les Nations Européennes, & nommément entre les deux Nations dans cette partie de l'Inde, & cela après un ſervice ſignalé que la Nation Françoiſe venoit de rendre à la Nation Angloiſe, non ſeulement en ne prenant point parti contre elle avec le Nabab de Bengale, mais en accueillant ladite Nation chez elle, pour ſe donner le temps de ſe remettre de ſes premiers déſavantages (comme il paroît par des lettres de remercîment de M. Pigot lui-même, & du Conſeil de Madras à celui de Pondichéry), jointe au refus formel de remplir les conditions d'un cartel convenu entre nos maîtres respectifs, quoiqu'accepté d'abord par M. Pigot, & les Commissaires nommés de part & d'autre pour se rendre à Sadras, pour régler à l'amiable les difficultés qui pourroient survenir à son exécution, ME METTENT HORS D'ÉTAT VIS-A-VIS DE MA COUR, DE POUVOIR FAIRE OU PROPOSER A M. COOTE AUCUNE CAPITULATION POUR LA VILLE DE PONDICHÉRY. . . . . Voilà ce que M. de Lally appelloit une Capitulation pour la Ville de Pondichéry.

Les Troupes du Roi & celles de la Compagnie se rendent, faute de vivres, prisonnieres de Sa Majesté Britannique . . . c'est encore là une Capitulation . . . *aux termes du cartel, que je réclame également pour tous les Habitans Civils & Bourgeois de Pondichéry.* . . . . ce cartel ne concernoit que l'échange des prisonniers: le réclamer pour les Habitans Civils & Bourgeois c'étoit les constituer prisonniers de guerre, & c'étoit pourtant là une Capitulation. . . . . *Ainsi, que pour l'exercice de la Religion Romaine, les Maisons Religieuses, Hôpitaux, Aumôniers, Chirurgiens, Domestiques,* &c. *m'en remettant à la décision de nos deux Cours pour la réparation proportionnée à la violation des Traités aussi solemnels.* . . . . Il n'étoit pas dit un mot de tous ces objets dans le cartel; ainsi le Général réclamoit un être de raison: il avoit dit plus haut *qu'il ne pouvoit faire, ni proposer aucune Capitulation pour la Ville de Pondichéry*, & cependant, c'est toujours là une Capitulation pour la Ville de Pondichéry.

En conséquence, M. Coote peut prendre possession demain à huite heures du matin, de la porte de Villenour, & après demain, à la même heure, de celle du Fort Saint-Louis : & comme il a la force en main, il dictera les dispositions ultérieures qu'il jugera convenables. : : : : . : . Voilà toujours, comme vous voyez, lecteur, une Capitulation.

Je demande seulement par principe de justice & d'humanité, que l'on permettre à la mere & aux sœurs de Raja-Saëb, de chercher un asyle où bon leur semblera, ou qu'elles demeurent prisonnieres des Anglois, & qu'elles ne soient point livrées entre les mains de Mahamet-Alikan, encore teintes du sang du mari & du pere qu'il a versé, à la honte, à la vérité, de ceux qui le lui ont livré; mais à la honte aussi du Commandant de l'Armée Angloise, qui ne devoit pas laisser commettre une pareille barbarie dans son Camp.... Cette demande, mêlée d'injures contre un ennemi vainqueur & reconnu le plus fort, efface apparemment les premieres lignes où le Général a déclaré *qu'il ne pouvoit ni faire, ni proposer à M. Coote aucune Capitulation pour la Ville de Pondichéry* : & c'est là sans doute ce qui constitue la Capitulation.

COMME JE SUIS LIÉ PAR LE CARTEL DANS LA DÉCLARATION QUE JE FAIS A M. COOTE, JE CONSENS QUE MESSIEURS DU CONSEIL DE PONDICHÉRY LUI FASSENT LEURS REPRÉSENTATIONS SUR CE QUI PEUT CONCERNER LE PLUS IMMÉDIATEMENT LEURS INTÉRÊTS PARTICULIERS, ET CEUX DES HABITANS DE LA COLONIE. FAIT AU FORT SAINT-LOUIS DE PONDICHÉRY, LE 15 JANVIER 1761. *SIGNÉ*, LALLY..... Oh! je l'ai dit à Rouen, & je ne crains pas de le répéter : voilà un paragraphe, & dans ce paragraphe, voilà un seul mot, REPRÉSENTATIONS, *qui contient tout ce que la trahison & la vengeance ont jamais eu de rafinement. Eh quoi! Homme perfide, vous autorisez le Conseil à Capituler, vous corrigez sa premiere Capitulation, vous approuvez la seconde, vous réformez la députation, vous la laissez partir, & quand le Conseil autorisé par vous, vient par l'organe de ses* **Députés**, *parler à l'ennemi de Capitulation; il se trouve que vous ne consentez plus qu'à des représentations de sa part. Mais à qui, répondez-moi, fait-on des représentations? A celui dont le pouvoir est établi, qui sent ses forces, qui sait qu'on les connoit : ou bien encore à celui dont l'autorité est reconnue. Capituler est d'un égal, qui peut encore, sur le refus de l'ennemi vaincre ou mourir en se défendant. Représenter est d'un homme écrasé ou soumis, en un mot, puisqu'il s'agit de guerre, d'un homme déjà rendu. Mais du moins, ô modele de perfidie! laisserez-vous à ces représentations du Conseil, un libre cours? Ferez-vous ensorte que ce Conseil soit écouté? Non, Messieurs, celui qui consent aux représentations du Conseil, a fait ensorte que le Conseil ne fût pas écouté! Et comment un vainqueur à qui le Général de l'Armée Françoise, le Syndic de la Compagnie, le Commissaire du Roi de France, venoit de dire :* JE NE PUIS PAS CAPITULER, JE N'AI PLUS DE VIVRES, JE VOUS RENDS LES TROUPES ET LES HABITANS CIVILS ET BOURGEOIS DE PONDICHÉRY : VOUS AVEZ LA FORCE EN MAIN, VENEZ PRENDRE POSSESSION DE MA PLACE, VOUS DICTEREZ LES DISPOSITIONS ULTÉRIEURES; *comment un vainqueur si bien averti, pouvoit-il écouter des hommes qui venoient lui parler de Capitulation pour les Habitans de Pondichéry? Aussi, Messieurs, le Colonel Coote n'a-t-il pas écrit un mot sur le cinquième article de la déclaration du Général, & n'a-t-il pas cru devoir lire la Capitulation du Conseil.* QUE VENEZ-VOUS ME DEMANDER? VOICI VOTRE GÉNÉRAL QUI SE REND A DISCRÉTION : *Les Députés du Conseil n'ont remporté du Colonel Coote, que ces paroles foudroyantes, qui n'ont que trop interprété la déclaration du traître Lally.*

Ce

Ce traître N'A-T-IL PAS DÈS LE LENDEMAIN 16, LIVRÉ LA VIILE A L'ENNEMI, SANS CONDITIONS, SANS PRÉCAUTIONS?

Oui, oui, Lecteur; prouvé par les témoins, avoué par l'Accusé, établi par les faits, reçonnu par l'Univers.

A présent, je le demande, ai-je eu tort de m'écrier en m'adressant au Roi?.... *Feindre l'envie de capituler, permettre au Conseil de dresser un projet de capitulation, ne vouloir pas le lire, différer autant qu'on peut, le lire enfin, le tourner en ridicule, l'apostiller comme l'Ennemi lui-même auroit pu faire, forcer par là d'en rédiger un autre; approuver celui-ci, souffrir qu'on nomme des Députés pour le porter à l'Ennemi, mais retarder leur départ jusqu'à ce que la Ville n'ait plus de vivres que pour deux heures; alors y consentir, les voir partir chargés des Articles, & les faire accompagner d'un Officier, Porteur d'un Ecrit particulier & cacheté, dans lequel on déclare au Général Anglois,* QU'ON NE PEUT PAS LUI PROPOSER DE CAPITULATION, QU'ON REND LES TROUPES PRISONNIERES DE GUERRE, FAUTE DE VIVRES, AUX TERMES D'UN CARTEL *enfreint par soi-même, & débattu par l'Ennemi; réclamer, par le même Acte, ce Cartel qui ne concernoit que les Troupes,* POUR LES HABITANS CIVILS ET LES BOURGEOIS; *ajouter à l'Ennemi,* QU'IL PEUT PRENDRE LE LENDEMAIN POSSESSION D'UNE PORTE, LE SURLENDEMAIN D'UNE AUTRE; QU'IL EST LE PLUS FORT, QU'IL PEUT DICTER LES DISPOSITIONS ULTÉRIEURES; *consentir ensuite, pour ajouter la dérision à la perfidie,* QUE LE CONSEIL DE PONDICHÉRY FASSE AU VAINQUEUR DES REPRÉSENTATIONS SUR SES INTÉRÊTS PARTICULIERS ET CEUX DES HABITANS DE LA COLONIE; *& dès le lendemain, livrer la Ville à l'Ennemi, sans conditions, sans précautions..... Voilà, Sire, de quelle maniere* *ce malheureux Pondichéry a passé aux mains des Anglois, qui l'ont rasé de fond en comble ! voilà de quelle maniere un traître, qui prédisoit la destruction de cette grande & florissante Ville dès* 1759, *a sçu concilier l'événement avec sa prophétie ! enfin, voilà cette mémoire dont le Défenseur se vante d'avoir trouvé des appuis sur le Trône même !*

Non, non, ce ne sont pas là des cris, ce sont des vérités; chaque ligne est un fait, & chaque fait un crime prouvé démonstrativement.

Ainsi s'est oppérée la reddition de Pondichéry. Tel fut l'*événement.* Cet événement offre à lui seul tous les caracteres de la trahison la plus marquée; joignos-y *la conduite*, & l'on verra que cette trahison étoit préméditée, *CONSILIUM ET EVENTUS.*

Pourquoi a-t-il fallu rendre Pondichéry ? Parce qu'il manquoit de vivres. Pourquoi a-t-il manqué de vivres ? Parce que M. de Lally l'a voulu. Prouvons.

Je l'ai dit à Rouen. *Il est certain que le salut de Pondichéry bloqué dépendoit de l'approvisionnement. Or, sur ce point de ma Requête, l'un des plus essentiels pour l'honneur de mon Oncle, j'aurai, Messieurs, réfuté toutes les calomnies du Général, si je prouve que le Gouverneur & le Conseil ont travaillé constamment de tout leur pouvoir à l'approvisionnement de Pondichéry, tandis que M. de Lally le traversoit opiniâtrement par ses oppositions personnelles, par l'abandon volontaire de tous nos postes, par sa conduite avec nos alliés, par son inaction persévérante avec l'Ennemi, & par ses vexations intérieures. Voilà mes faits, voici mes preuves.*

Aux premieres nouvelles de la guerre, le Conseil & le Gouverneur écrivent au Bengale, à Suratte, se donnent des mouvemens à Pondichéry, font venir du neslis de l'intérieur des terres, achetent du ris sur les embarcations du Pays attirées par leurs promesses, & le Chevalier de Soupire débarqué à Pondichéry, en Septembre 1757, y trouve des vivres pour un an.

En Octobre suivant, le Conseil expédie le *Bristol* pour Bassora; ce vaisseau revient chargé de blé en Décembre 1758.

Dans le même temps, & du produit de la cargaison du *Bristol*, le Consul de Bassora expédie deux embarcations chargées de blé pour Mahé. Elles arrivent à leur destination. Mais le Conseil ne peut les en tirer faute de moyens. M. de Lally disposoit de ces moyens; il demeure tranquille. Ici commence, au sujet de l'approvisionnement, cette longue chaîne de perfidies qui devoit se terminer par la reddition de la Place.

On trouve des neslis à Divicotey, poste Anglois, qui s'étoit rendu sans coup férir, après la prise du Fort-Saint-David, au seul bruit de l'approche, non du Comte de Lally, qu'il plaît à mon Adversaire d'appeller le *vainqueur de Divicotey*, mais du Comte d'Estaing. Ces neslis sont en partie brulés par notre Armée allant au Tanjaour, en partie laissés par M. de Lally à la discrétion du Commandant du Fort de Divicotey; indiscipline de l'Armée, indifférence du Général, les neslis de Divicotey ne servent en rien à l'approvisionnement de Pondichéry.

En Octobre 1758, proposition du Gouverneur au Général, d'expédier le *Diligent* pour Bassora, à l'effet d'y chercher une cargaison de blé : refus d'y consentir.

Le 23 Juillet 1758, lettre du Gouverneur au Général, pour lui proposer de faire passer à M. de Ziégenbalhg, Gouverneur Danois au Bengale, cinquante ou soixante milles roupies, pour le mettre plus sûrement en état de faire l'expédition d'un vaisseau de blé : point de réponse.

Vers le même temps Arcatte tombe en notre pouvoir. Cette nababie présentoit des ressources tant en argent qu'en vivres. Raja-Saëb en est constitué Régisseur, & n'a jamais rendu ses comptes qu'au Général, qui ne les a rendus à personne.

Départ pour le Siége de Madras : Pondichéry & toutes nos possessions laissées sans un Soldat pour les défendre : possessions ravagées, Aldées brûlées, Habitans mis en fuite, bestiaux enlevés, incendie & destruction portés jusqu'aux limites de Pondichéry : le Gouverneur écrit au Général : le Général répond froidement *que trente lieues de pays du côté de Madras rempliront les vuides d'une dévastation de cinq ou six du côté de Pondichéry ;* mais le Général ne prenoit des mesures que pour manquer Madras. Les trente lieues servent à peine à nourir son Camp, & nos possessions abandonnées au pillage des Anglois, ne servent en rien à l'approvisionnement de Pondichéry.

Abandon de Mazulipatam, après celui de nos Aldées. Cette Ville renfermoit un amas de blé, de ris & de bœufs pour plus de deux cent mille roupies, formé en exécution des ordres du Conseil, expédiées le 7 Octobre 1758 : l'ennemi s'y présente, M. de Lally fait mine d'y vouloir envoyer du secours. Il parle d'y faire passer MM. de Bussy & de Moracin. Le Gouverneur lui conseille de préférer M. de Bussy : le Général paroît se rendre, choisit M. de Bussy, puis revient à M. de Moracin, puis par un troisiéme arrangement à M. de Bussy, enfin par un dernier à M. de Moracin : après quoi il se félicite publiquement *d'avoir tenu M. de Bussy le bec dans l'eau, qu'il lui faisoit perdre par-là dix millions, & qu'il lui préparoit bien d'autres tours.* Cependant M. de

Moracin part trop tard : avant ſon arrivée ; que dis-je, avant ſon départ, Mazulipatam eſt enlevé par les Anglois, & tous les vivres amaſſés dans cette place tombent en leur pouvoir.

Le 14 Février 1759, lettre du Gouverneur au Général, pour lui propoſer d'envoyer *le Diligent* à Goa, y faire une traite, ſoit de blé, ſoit d'arraque : point de réponſe ; le Conſeil prend ſur lui d'expédier le vaiſſeau : il revient en Décembre ſuivant chargé de la cargaiſon demandée : peu avant ſon arrivée, demande par le Gouverneur de Pondichéry, & le ſieur de Solminihac, Capitaine de Port, à M. de Lally qui diſpoſoit des fonds, d'une ſomme de deux ou trois cents roupies, pour faire faire deux cables : on n'en avoit pas un au magaſin. Refus de M. de Lally : arrivée du vaiſſeau, déchargement à moitié : briſe violente qui caſſe tous ſes cables : le vaiſſeau vient ſe perdre à terre : on fait un cable au moment du danger : tandis qu'on y travaille, le vaiſſeau périt avec l'autre moitié de ſa cargaiſon : on n'en peut rien ſauver.

En Mars 1759, Comité compoſé des Membres du Conſeil, ſans égard au rang, où l'on admet M. de Buſſy, & formé ſur la propoſition du Conſeil au Général : mais celui-ci n'y parle que d'argent, & d'un traité avec les Marates ; il n'y dit pas un mot des vivres. M. de Moracin ſe permet de demander l'emploi des revenus d'Arcate. Le Général s'emporte, ſe répand en invectives, & diſſout le Comité qui ne s'étoit aſſemblé que trois fois.

Le 18 Avril 1759 lettre du Gouverneur au Général : *l'approviſionnement des places frontieres & de Pondichéry, dépend des Fermiers. . . . . Ils doivent la place qu'ils occupent à la propoſition que vous en avez faite au Conſeil. Peut-être que ce que je leur dis fait trop peu d'impreſſion : ils ſe flattent, ſans doute, Monſieur, d'être protégés par vous.* PERMETTEZ QUE JE VOUS

SUPPLIE DE VOULOIR BIEN JOINDRE VOS ORDRES A MES DEMANDES. . . . . Point de réponſe.

En Octobre 1759, propoſition du Gouverneur au Général, d'envoyer *l'Hermione* à la côte de l'eſt, chercher un chargement de blé : M. de Lally rejette cette idée. *L'Hermione* reſte inutile en rade juſqu'au 10 Octobre 1760, qu'elle eſt priſe avec la *Baleine* par les chaloupes & les canots des vaiſſeaux de guerre Anglois, ſous la volée du canon de Pondichéry.

L'Eſcadre Françoiſe revenue à la côte en Septembre 1759, avoit apporté des fonds : M. de Buſſy négocioit avec Baſſaletzingue, frere de Salabetzingue, Souba du Dékan. Sa miſſion étoit d'engager Baſſaletzingue à venir nous joindre avec ſon Armée : mais Baſſaletzingue vouloit n'entrer qu'en Maître dans le pays d'Arcate, & ſur-tout n'y pas avoir des Marattes pour concurrens. Le Général n'en conclut pas moins avec ceux-ci, malgré le Gouverneur, un traité qui produit le double effet d'aliéner Baſſaletzingue, & d'abſorber les fonds de l'Eſcadre ; & ces fonds perdus, ſoit pour attirer les Marates, ſoit pour les ſoudoyer, n'ont pas pu ſervir à lapproviſionnement de Pondichéry.

En Décembre 1759, vente des diamans du *Grantham*, priſe Angloiſe faite par notre Eſcadre : ils produiſent cinquante & une mille pagodes ; trente-une ſont remiſes au tréſor. M. de Lally, lors à Vandavachy, demande les vingt mille autres. Le Gouverneur les lui envoie par le Chevalier Bazin : c'étoit la reſſource de la Colonie. Cette ſomme bien ménagée parmi les Troupes, donnoit au Général le moyen de tenir la campagne pendant quelque temps, & de garantir les poſtes qui ſoutenoient encore l'approviſionnement de Pondichéry ; mais que fait le Général ? il ſe fait rembourſer à lui-même une avance de cinq mille pagodes, envoie une partie du ſurplus aux Marates par l'Abbé Norouha, fait diſtribuer le reſte à des Officiers favoriſés, ramene ſon Armée à Valdaour, laiſſe l'Ennemi maître de tout le pays, & revient à Pondichéry demander de l'argent au Gouverneur.

9 Janvier 1760, Délibération du Conſeil pour donner aux Fermiers l'état des grains néceſſaires à l'approviſionnement. Les Fermiers travaillent à s'y conformer. Ils amaſſent des vivres. Propoſition d'argent par Ramalinga, condamné l'année d'auparavant par M. de Lally lui-même à quarante mille roupies d'amende, comme concuſſionnaire. Il demande les Fermes. Le Général convoque le Conſeil, y porte le projet de réſiliation du Bail général, & les propoſitions de Ramalinga. Le Conſeil ſe rend, réſilie le Bail & conſtate les propoſitions de Ramalinga. Il s'agiſſoit de paſſer Bail; on n'en paſſe point. Le Général abandonne à ce Ramalinga les Terres de la Compagnie, ſans Bail, ſans caution, ſans inſpection : Ramalinga fait bien quelques avances : mais auſſi-tôt il ſe tranſporte ſur les Terres, diſpoſe des ſubſiſtances récoltées, des vivres amaſſés par les Fermiers, & les fait vendre. Le Gouverneur avertit le Général de cette perfidie. Le ſieur Mariol, Capitaine de l'Inde, Commandant à Gingy, donne, de ce lieu où Ramalinga étoit venu pratiquer une partie de ſes manœuvres, le même avis : le Général ne met aucun obſtacle à la trahiſon de Ramalinga : il écrit même au ſieur Mariol de *laiſſer faire*. Le ſieur Mariol eſt un des témoins : il a dû joindre l'horrible lettre à ſa dépoſition.

Je ſupplie le Lecteur de ne point ſe laſſer; il n'eſt pas au bout de ces horreurs. Nous avions quatre poſtes très-importans pour l'approviſionnement, tant par leur poſition qui les rendoit autant de points d'appui pour nos recoltes, que par les amas de vivres qui s'y trouvoient : ſavoir, Divicotey, Permoucoul, Valdaour & Karikal. M. de Lally évacue Divicotey, laiſſe manquer Permoucoul de monde & de munitions, ne veut pas envoyer à Karikal cent hommes qui l'auroient ſauvé, de l'aveu même des Ennemis. Reſtoit Valdaour, le dernier poſte qui s'opposât au blocus de Pondichéry. Les Anglois en font le Siége. M. de Lally reſte tranquille. On le ſupplie d'envoyer au ſecours; il demeure inflexible. La Place eſt priſe : *j'aurois pu*, dit M. de Lally en préſence de MM. de Meſmes & de Jumilhac qui l'ont dépoſé, *ſauver Valdaour, comme il m'eſt aiſé de remuer ce fauteuil; mais j'étois trop mécontent de la Cour.*

Le 12 Mars 1759, Lettre de M. de Lally au Conſeil. *Je vous prie de décider un parti auquel je ſuis prêt à ſouſcrire, pourvû qu'il tende à appaiſer les Troupes pour quinze jours ſeulement, ſi vous voulez conſerver Cangivarom & Arcate, juſqu'à ce que la récolte ſoit faite. . . . . . . Je regarde l'abandon d'Arcate & de Cangivarom comme l'abandon de la Colonie. . . .* Un mois après, ſiége de Cangivarom par les Anglois; refus par M. de Lally de le ſecourir; belle défenſe de Mouzaferbek, Général Maure, notre allié. Priſe de Cangivarom. Mouzaferbek eſt maſſacré avec toute ſa famille.

Vers la fin de 1759, les Anglois raſſemblent toutes leurs forces; notre Armée leur étoit ſupérieure. M. de Lally la diviſe en deux Corps, qu'il place à ſoixante lieues de diſtance, l'un à Cheringham, l'autre à Vandavachy, & laiſſe libre aux Anglois l'entrée d'Arcate, Pays fertile & précieux pour l'approviſionnement de Pondichéry. Les Anglois s'y rétabliſſent.

A cette époque, échec de Vandavachy; rappel de la diviſion de Cheringham : nous étions encore ſupérieurs aux Anglois : mouvemens rétrogrades; l'Armée ne protége plus l'approviſionnement

nement. Le Général charge Ramalinga de la nourrir; & le perfide, après après avoir vendu les vivres amassés dans les Aldées par les anciens Fermiers, tire de Pondichéry pour l'Armée, toutes les subsistances, ensorte que le Général faisoit d'avance affamer la Ville par l'Armée.

Point d'ordre dans la consommation : on fait des représentations au Général, il ne les écoute pas, & ne fait diminuer la ration du Soldat que le cinquiéme mois du blocus, c'est-à-dire, en Septembre 1760.

Ce n'est pas tout; abus énormes dans la distribution des rations, excédent de ris & de viande; il se vend au *Bazard* ou marché de l'Armée : on en avertit le Général: le Général n'y veut pas faire attention.

Le 24 Juin 1760, arrivée de la Cavalerie Mayssourienne; elle repart pour aller chercher des bœufs. Le 19 Juillet suivant, toute l'Armée Mayssourienne, Fantassins & Cavaliers, reparoit sur les glacis de Pondichéry, avec un détachement de deux cent cinquante François, commandés par le sieur Mariol, dont j'ai déjà parlé. Le même jour, proposition du Général des Mayssouriens à M. de Lally, d'aller au secours de Villenour, poste françois, important pour nos limites, & pour lors investi par deux cents Anglois : refus de M. de Lally; il ordonne un bal: & le lendemain 20, le Pavillon anglois est vu de Pondichéry, flottant sur Villenour. Au reste, les Mayssouriens n'ayant point apporté de vivres, vivoient aux dépens de la Place: c'étoit une raison de marcher à l'ennemi; instances de leur Chef; délais, refus de M. de Lally : il ne veut ni les employer, ni les laisser partir; propose au Gouverneur de tomber sur leur camp, de les massacrer, de les piller, de s'emparer des chevaux & des bœufs qui leur restoient : le Gouverneur, comme on pense bien, rejette cette idée horrible : le Général n'ose pas l'exécuter, mais il s'obstine à garder les Mayssouriens, qui prennent enfin leur parti & décampent, sans avoir rien fait qu'affamer de plus en plus Pondichéry, graces au Général François.

Après le départ de ces Indiens, proposition d'une assemblée nationale, reprise par mon oncle : résistance du Général ; persévérance du Gouverneur : le Général céde, l'assemblée est convoquée ; M. de Lally s'y rend, y fait lire un exposé, dans lequel il déclare, *que Pondichéry n'est dans aucune espéce de danger, que l'approvisionnement n'est pas l'objet le plus pressé ;* rend les Habitans suspects de trahison, accuse mon oncle d'indifference à l'approvisionnement, & se retire, laissant deux Officiers pour le représenter.

Le Gouverneur parle à son tour, s'occupe de trois objets, *argent*, *vivres* & *forces*, sur-tout des *vivres*. L'assemblée délibere, adopte toutes les propositions du Gouverneur : en conséquence nomme quatre personnes pour aviser, de concert avec le Général, aux moyens de rassembler des vivres, & d'en faire entrer dans la Ville, & supplie le Général de se réunir au Conseil. Mais M. de Lally rejette ces prieres, rebute les Commissaires nommés par l'assemblée ; s'oppose au récensement amiable qu'ils proposoient de faire des vivres dans les maisons, dit *qu'il n'est pas temps*, & peu de jours après fait faire, non seulement la visite, mais l'enlevement de tous les bestiaux dans toutes les maisons, par quatre Officiers & quatre Employés, escortés de Sergens & de Caporaux, après quoi il laisse sans exécution les mesures prises ou proposées par l'assemblée nationale, au sujet des vivres.

Le 29 Août 1760, représentations du Gouverneur au Général,

par lettre, sur la nécessité de garder nos limites, sans quoi il ne seroit plus possible de faire entrer aucun couvoi : point de réponse, point de précautions de la part du Général.

Le 9 Septembre, avis d'un déserteur Anglois que la Redoute de Valdaour doit être attaquée : le Géneral le fait mettre à fond de cale dans *la Baleine*, & retire cent hommes de la Redoute. On n'a plus revu le déserteur. Les ennemis attaquent la Redoute, s'en emparent, entrent dans nos limites, y prennent nos canons, & les tournent contre la Ville.

Deux jours après, abandon du fort d'Ariancoupan ; nos Troupes rentrent dans la Ville, le blocus est resserré.

Presqu'aussi-tôt, arrivée du sieur Lemaintier, Officier de l'Inde, à la tête d'un détachement, avec un convoi près de la riviere d'Ariancoupan, presque sous les murs de Pondichéry. On l'attendoit : le Général l'avoit prévenu qu'il trouveroit du secours : avis du sieur Lemaintier au Général ; point de secours : le sieur Lemaintier est attaqué, il sauve son détachement, mais le convoi est pris. Le sieur Lemaintier est un des témoins.

En Septembre 1760, premiere diminution de la ration du Soldat : depuis, diminutions successives. Celle de Décembre est remarquable. Le Général assemble les Sergens sans les Officiers, leur déclare que *malgré les instances des Habitans qui ne se soucioient que de leurs commodités, & négligeoient le Militaire, il ne retrancheroit rien à la ration des Soldats* : & le lendemain diminution de moitié. Les Soldats ne vouloient pas la recevoir ; la prudence des Officiers les y fait consentir.

Lecteur, votre surprise augmente à chaque ligne, je le sens bien : vous demandez des preuves, je vous réponds qu'elles sont au procès : je vous réponds n'avoir pas dit un mot, jusqu'à présent, qui ne ſoit établi, ou par une foule de témoins, ou par les délibérations du Conſeil, ou par les expoſés de M. de Lally, ou par ſes correſpondances, ſoit avec le Gouverneur, ſoit avec M. de Buſſy, ou par ſes aveux : les mêmes preuves viennent à l'appui des faits ſuivants.

En Octobre 1760, formation d'un Conſeil mixte ſur la propoſition du Gouverneur : le Général écrit à ce Conſeil, *qu'il ſe ſoumet d'avance à toutes ſes déciſions*, & *le conjure de s'occuper uniquement des moyens de prolonger la reddition de Pondichéry*. Le Conſeil mixte propoſe la formation d'un Comité : le Général y conſent ; le Comité s'aſſemble, ne délibere que ſur l'approviſionnement, prend les meſures les plus douces & les plus efficaces, impoſe à tous les Habitans une déclaration exacte de leurs proviſions, ordonne une fouille paiſible par quatre Officiers & quatre Employés, raſſemble en peu de jours des vivres pour trois ſemaines, ſupprime douze cents rations inutiles, communique ſes délibérations, à la fin de chaque ſéance, au Général : celui-ci perd patience à la vue des ſuccès du Comité, s'exhale publiquement en injures, le compare au Comité de Cromwel : le Comité inquiet ſe tranſporte chez lui, lui demande s'il doit continuer ſes aſſemblées ; le Général ſe répand en propos offenſans, traite les Militaires avec dureté, accable d'invectives le Conſeil & le Gouverneur, rompt le Comité, rétablit les rations ſupprimées, en augmente le nombre juſqu'à près de trois mille, ſubſtitue une fouille arbitraire par la voie des Soldats à la fouille tranquille par la voie des Officiers & Employés, laiſſe dégénérer cette fouille en pillage ; & toutes les meſures du Comité pour l'approviſionnement, demeurent ſans effet.

Le 24 du même mois d'Octobre 1760, l'Eſcadre Angloiſe appareille, & disparoit. Le Gouverneur propose au Général d'envoyer par les chelingues, les chaloupes & les Canots du Port, un détachement, soit à Portenove, Comptoir Hollandois, pour y acheter, soit sur Goudelour, Ville Angloise, ouverte du côté de la mer, pour en enlever, tous les grains qui s'y trouveroient. C'étoit une expédition de 24 heures : M. de Lally rejette cette idée : elle vient en même temps au Major de la Bourgeoisie, lequel en fit la proposition au Général, & ne fut pas mieux accueilli. Bientôt après les Anglois reparurent, & la rade cessa d'être libre.

Cependant continuation des fouilles purement militaires : pillage, incendie de la Ville noire par nos propres Soldats ; ce pillage dure trois jours & ne produit aucuns vivres.

Vers la fin du blocus, des Noirs déterminés par l'appât du gain, encouragés par le Pere Lavaur, sortent de la Ville, vont chercher des vivres, en rapportent au risque de leur vie ; mais ils n'échappent aux mains de l'ennemi, que pour tomber dans celles du Général, qui les faisant arrêter, emprisonner & depouiller de leurs vivres, sans les payer, fait cesser aussi-tôt cette ressource.

Enfin le 24 Décembre, le Général écrit à M. de Landivisiau qu'il ait à demander à M. de Leyrit l'assemblée d'un Conseil mixte. M. de Landivisiau obéit : mais du moment qu'il parle de prendre des mesures & d'acquérir des connoissances pour l'approvisionnement, le Général abandonne cette idée de Conseil mixte, il n'en est plus question.

Nous Voici revenus aux circonstances de la reddition de Pondichéry FAUTE DE VIVRES. J'ai commencé par les décrire : que tout Lecteur impartial daigne les joindre aux faits que je viens d'exposer sur l'approvisionnement, & qu'il dise si la conduite du Général, fur cet APPROVISIONNEMENT, n'a pas été le prélude fenfible de fa déclaration, qu'il *rendoit Pondichéry* FAUTE DE VIVRES; qu'il dife s'il eft poffible de méconnoître dans cette déclaration ainfi conçue, ainfi amenée, une trahifon formelle & préméditée. Trahifon dans l'événement, trahifon dans la conduite. . . . . *confilium & eventus.* . . . . & vous dites, PROUVONS QU'IL N'ÉTOIT PAS COUPABLE.

Après tout ce qu'on vient de lire, j'ofe me flatter qu'on me difpenfera de repondre en détail au roman inventé par mon adverfaire, à l'appui de cette étrange propofition. Ce ne font que faits controuvés, ou déguifés, ou fupprimés, ou féparés les uns des autres; que rêveries, en un mot, ou calomnies entremêlées avec un art, publiées avec une audace, qui cependant n'auront pas empêché, je me le perfuade, les Lecteurs attentifs d'appercevoir, & les crimes de l'accufé, & l'embarras de fon Défenfeur. Au refte mon adverfaire a fait fon récit, j'ai fait le mien: qui de nous deux a dit la vérité? L'Arrêt décidera; du moins, felon moi: je m'y foumets, je m'y réfigne; que mon adverfaire figne la même déclaration. Mais non: injurier fes Juges, voilà fon rôle depuis plus de fept ans; éblouir fes Lecteurs, voilà fon efpérance: la mienne eft dans la vérité.

Je conçois qu'il a pu fe flatter de l'obfcurcir à bien des yeux, cette vérité, fur le crime de trahifon. Ce crime eft un fait fimple, mais fa preuve ne l'étoit pas. On n'a point le traité fait avec les Anglois par M. de Lally. Belle merveille! a-t-on fouvent de pareilles preuves contre les traîtres? vainqueurs & vaincus, traîtres & corrupteurs, tous à l'envi s'efforcent de les anéantir. Donc il eft impoffible de découvrir la trahifon de M. de Lally? La conféquence feroit un peu finguliere; & les traîtres envers l'Etat pourroient un jour en remercier mon Adverſaire : s'il oſe l'établir, que doit-on penſer de lui ? S'il ne l'oſe pas, que dit-il donc ? Qu'il avoue à la fin qu'à défaut d'un traité, on a dû s'y prendre par d'autres voies pour rechercher le crime de trahiſon, imputé au Commandant de l'Inde ? & quelles étoient ces voies ? celles que j'ai montrées, celles que la Loi traçoit : peſer l'événement & le comparer à la conduite : or, c'eſt ce qu'a fait le Parlement : & voilà cet *enſemble* qui fait jetter à mon adverſaire des cris ſi déplacés & ſi peu ſinceres. D'ailleurs, je ſoutiens, moi, qu'il exiſte un écrit prouvant la trahiſon : cet écrit, c'eſt la déclaration du Général Lally au Colonel Coote. Je crois l'avoir démontré.

Mon adverſaire parle ſouvent du rapport de M. Paſquier ; je réponds qu'il n'a point ce rapport, parce qu'il n'en exiſte pas : mais il a des *obſervations ſur le procès du Comte de Lally*, par M. Paſquier ; & j'ajoute que ces obſervations, défigurées dans tous les libelles de mon adverſaire, ſont accablantes pour la mémoire du Général. Qu'il prouve que j'ai tort, en les faiſant imprimer ; c'eſt un défi que je lui porte.

Maintenant me ſeroit-il permis de lui demander pourquoi, en parlant du déſintéreſſement de M. de Lally, il n'a pas cherché du moins à pallier l'uſure à trente pour cent, que ce Commiſſaire du Roi, ce Général des Troupes, ce Syndic de la Compagnie, a pratiquée contr'elle en 1760, dans un moment de criſe peint par lui-même ? Mon adverſaire n'a jamais dit un mot de cette inadvertence, de cet oubli, de cette indiſcrétion, de cette impatiance : car, à l'entendre, l'on n'a rien à reprocher au Général que des impatiences, que des emportemens, que de *n'avoir pas ſacrifié aux graces*. J'avoue qu'il n'étoit pas auſſi facile d'en impoſer ſur cette uſure, ſur cette inadvertence, que ſur la trahiſon.

Mais comme le premier crime explique le second, remettons-en les détails & les preuves sous les yeux du lecteur, sans doute impatient de les revoir.

Depuis le mois d'Août 1759, le Général autorisé par les nouveaux pouvoirs de la Cour & de la Compagnie, exerçoit légalement l'administration des finances, qu'il avoit usurpée en Novembre 1758. Au mois de Février 1760, la Colonie étoit déjà dans la plus triste position. M. de Lally a pris la peine de la peindre lui-même dans un exposé au Conseil du 9 Février 1760, lequel est au procès. *Messieurs*, dit-il, dans cet exposé, *la Compagnie est abandonnée totalement de ressources d'hommes & d'argent d'Europe. Je suis à la veille d'être assiégé dans Pondichéry par l'impossibilité de fournir à la paie des Troupes : On m'a trahi à la derniere bataille : un membre du Conseil, commandant à Cheringham, m'a désobéi : je suis menacé d'une révolte générale des Troupes : je suis en bute à des complots : enfin, Pondichéry est ouvert à l'ennemi dans une de ses parties*, SI D'ICI A QUINZE JOURS ON N'Y FAIT UNE DÉPENSE DE HUIT A DIX MILLE ROUPIES (remarquez bien ces mots, Lecteur, je vous supplie : SI D'ICI A QUINZE JOURS ON N'Y FAIT UNE DÉPENSE DE HUIT A DIX MILLE ROUPIES), *pour la garantir d'un coup de main, même d'une trahison qu'un seul Habitant gagné peut actuellement entraîner avec elle.* Ensuite il se plaint des Troupes, & continue. *On ne peut se flatter, avec un esprit comme celui-là, de tenir long-temps contre un ennemi réuni par des sentimens de patriotisme, si cette Ville venoit à être assiégée.*

Tel est l'exposé de M. de Lally, du 9 Février 1760; telle étoit, suivant lui-même, la situation de Pondichéry. Dans cette extrêmité, à qui recourir? Le crédit public étoit éteint, les Membres

Membres du Conſeil avoient porté tous leurs fonds à la Caiſſe : les Malabares avoient été déjà taxés ; les Habitans Européens l'avoient été de même : les Fermiers étoient tous en avance ; la fortune entiere de mon Oncle étoit au Tréſor, tous ſes biens engagés, ſa vaiſſelle convertie en monnoie, ſes meubles, ses bijoux les plus à ſon uſage, tels qu'un eau-roſier d'or, meuble familier dans un pays où la maniere de faire honneur aux naturels, eſt de leur préſenter de l'eau-roſe & du bétel ; les meubles étoient vendus ; enfin, il ne reſtoit plus aux Membres du Conſeil, *qu'à ſe rendre ſolidaires les uns pour les autres, & un pour tous, pour la ſomme qu'on voudroit prêter à la Compagnie.* Et c'eſt ce qu'a fait depuis le Conſeil, par une Délibération du 31 Mars 1760 : elle eſt au Procès, & ſe trouve dans la *Correſpondance* imprimée du Général & du Gouverneur.

Mais il falloit pourvoir aux beſoins du moment, à ces beſoins décrits avec tant d'énergie par le Comte de Lally lui-même, dans ſon Expoſé du 9 Février 1760. L'embarras étoit extrême ; un étranger vient à notre ſecours. Le ſieur Sutton, Chef de la Loge Hollandoiſe à Goudelour, ſe préſente au Conſeil de Pondichéry : il offre de prêter ſeize mille roupies comptant, mais aux conditions qu'il lui ſeroit fourni ſur la Compagnie une lettre de change, à un mois de vue, dans laquelle ſeroient compris les intérêts à trente pour cent. Le Conſeil de Pondichery, preſſé par la néceſſité, ſe rend aux offres, accepte les ſeize mille roupies, & donne la lettre de change demandée. Sa Délibération produite au Procès, imprimée dans la *Correſpondance*, eſt du 12 Février 1760, c'eſt-à-dire, du troiſieme jour après l'expoſé pathétique de M. de Lally. Au bout d'un an Pondichéry eſt pris. Après la priſe, le ſieur Sutton ne voulut pas qu'on ignorât plus long-temps que la somme par lui prêtée n'étoit pas à lui, & quel étoit le vrai propriétaire de cette somme. En conséquence, il a donné au Conseil de Pondichéry sa déclaration par écrit, que ce vrai propriétaire étoit le Comte de Lally, dont lui Sutton, Chef de la Loge Hollandoise à Goudelour, n'étoit que le prête-nom. La déclaration est au Procès.

On a interrogé le Général sur ce fait : & M. de Lally, ce zélé serviteur du Roi, ce généreux Syndic de la Compagnie, des malheurs de laquelle il n'a jamais profité, qui n'abusoit point des lettres de change, qui se plaignoit du défaut de patriotisme, qui n'avoit rien à se reprocher que les emportemens d'un zèle trop amer, irrité par la vue des désordres publics, ce vieux Caton de l'Inde Françoise, auquel il est certain qu'on a fait trancher la tête pour des impatiences ; M. de Lally enfin ... est convenu du fait, ... & comment s'en est-il justifié ? En disant, contre la vérité, *cet intérêt pour lors étoit d'usage*, car l'usage n'en approcha jamais ; en disant contre sa conscience, *je ne comptois pas m'en prévaloir*, car il s'en est prévalu. Lecteur, je vous laisse à vos réflexions : on commence par usurer, on finit par trahir · daignez vous rappeller mes faits & mes preuves ; vous êtes en état de juger, je n'en dirai pas davantage : mais croyez-vous qu'on ose répéter, PROUVONS QU'IL N'A PAS ÉTÉ COUPABLE ?

On ajoute : PROUVONS QU'EUT-IL ÉTÉ LE PLUS COUPABLE DES HOMMES, IL A ÉTÉ MAL JUGÉ.... Voyons ces preuves..... *j'en ai sept*, 1° RIDICULE ODIEUX DANS LA BASE DU PROCÈS, NULLITÉ RADICALE ET ABSOLUE DANS TOUTE LA PROCÉDURE. 2° CONTRAVENTION FORMELLE AUX LETTRES D'ATTRIBUTION PENDANT TOUT LE COURS DU PROCÈS. 3° RENVERSEMENT DE TOUTES LES LOIX DANS

L'INFORMATION. 4° INJUSTICE, INFIDÉLITÉ, INHUMANITÉ DANS LE REFUS D'UN CONSEIL. 5° PARTIALITÉ OUTRÉE, EMPORTEMENS, FUREUR DANS L'INSTRUCTION. 6° RAPIDITÉ SCANDALEUSE DANS LE JUGEMENT, DÉNIS DE JUSTICE MULTIPLIÉS. 7° FAUX DANS L'ARRÊT, ABSURDITÉ DANS L'ÉNONCÉ DU JUGEMENT, INEXISTENCE DU DÉLIT... Telles ſont vos ſept preuves. Laiſſons l'Arrêt ; il eſt caſſé, vous l'inſultez : béniſſez les Magiſtrats, puiſque vous l'inſultez impunément. Quant à la procédure, que s'enſuit-il de vos injures, démenties par l'Arrêt qui ne l'a point caſſée, & néanmoins vomies par vous contre les premiers Juges, avec une audace effrénée qui tient du delire ? Il s'enſuit uniquement que ces mêmes injures attendent vos nouveaux Juges, s'ils ne conſacrent pas en quelque ſorte, par leur Arrêt, les horreurs que vous exhalés. Certainement, ils n'en ſont pas émus : attendons, vous & moi ; moi avec reſpect, & vous.... avec quel ſentiment l'attendez-vous ?.... l'oracle de leur juſtice.

Enfin, PROUVONS, (c'eſt mon Adverſaire qui reprend la parole) PROUVONS QUE, D'APRÈS L'ÉTAT DU PROCÈS, IL NE POUVOIT PAS ÊTRE BIEN JUGÉ. Telle eſt ſa troiſiéme & derniere propoſition. Mais comment la prouve-t-il ? En objectant au Parlement de Paris ſa prétendue incompétence ſur les faits du procès ; en ſoutenant que le Parlement de Paris s'eſt transformé tout-à-coup en une *Cour martiale ;* en un mot, en affirmant que le Général Lally n'a été définitivement recherché, jugé, condamné que ſur des faits militaires........ Je nie encore le fait ; mais, ce ne ſera pas moi qui le réfuterai ; une voix redoutable va parler à ma place...... QUOIQUE LE COMTE DE LALLY N'AIT POINT ÉTÉ ENTENDU SUR SA CONDUITE MILITAIRE, ET QU'IL NE LUI

AIT PAS MÊME ÉTÉ PERMIS D'INTERPELLER SES ACCUSATEURS ET TÉMOINS EN MÊME TEMPS SUR CE CHEF, COMME ÉTANT ÉTRANGER A LA TENEUR DES LETTRES-PATENTES DE SA MAJESTÉ, ET SUR LEQUEL LE PARLEMENT NE SE PROPOSOIT PAS DE JUGER ; IL N'EN EST PAS MOINS PRÊT A EN RENDRE COMPTE, SI, APRÈS QU'IL AURA ÉTÉ PRONONCÉ SUR LES CHEFS DE CONCUSSION ET DE TRAHISON QUE SES ACCUSATEURS ONT CHERCHÉ A INSINUER CONTRE LUI, SANS QU'UN SEUL AIT OSÉ L'ARTICULER, LE ROI DÉCIDE QUE SA CONDUITE MILITAIRE EST SUSCEPTIBLE D'EXAMEN DE LA PART DE GENS DU MÉTIER, SES SUPÉRIEURS OU ÉGAUX COMPÉTENS POUR EN CONNOITRE.... *Tableau historique de l'expédition de l'Inde*, suivi d'un *résumé de la Capitulation de Pondichéry, pour le Comte de Lally, contre M. le Procureur Général. Signé, Aubry. Imprimé chez Simon, en* 1766, *page* 99.

Voilà ma réponse, ou plutôt la réponse du Général Lally à son Représentant. Elle est publique, elle est satisfaisante, & je m'y bornerai. M. le Procureur Général en sera d'autres, je n'en doute pas. Respectons ses droits. Il saura mieux que moi réduire au silence l'Adversaire des Loix & le mien.

Je ne dirai qu'un mot sur les détails, c'est-à-dire, sur les horreurs qui souillent les derniers libelles de mon Adversaire. S'il faut l'en croire, Pondichéry étoit un repaire *de voleurs*, *de faussaires*, *de brigands*, *d'assassins* ..... & tout cela est nécessaire pour que le Général Lally soit innocent ! quelle cause ! & quel délire ! tâchez du moins de ne rien avancer que je puisse vérifier. Parmi toutes ces victimes d'assassinats inconnus que vous énumérez, il est un nom que je connois, c'est celui du sieur Villiesme ..... *un sieur Villiesme* nous dites-vous, *contre lequel les Officiers de l'Inde tenoient des assemblées ouvertes*, *pour aviser aux moyens de s'en défaire, deux fois attaqué & deux fois sans vengeance*..... Où sont vos preuves? Où sont vos dates? Expliquez-vous du moins, indiquez des circonstances. Pour moi je n'irai pas chercher bien loin l'éclaircissement que vous craignez...... M. VILLIESME EST ARRIVÉ AVANT-HIER DE MAZULIPATAM. IL SE PROPOSOIT DE PARTIR HIER POUR SE RENDRE AUPRÈS DE VOUS, MAIS IL A EU UNE AFFAIRE DANS LAQUELLE IL A REÇU UNE BLESSURE AU BRAS, QUI LE RETIENT ICI. J'AI CRU, POUR ÉVITER LES SUITES QUE POURROIT AVOIR CETTE AFFAIRE, DEVOIR LUI ORDONNER LES ARRÊTS, ET LUI DONNER UNE GARDE CHEZ LUI, QUI Y RESTERA JUSQU'A CE QU'IL SOIT EN ÉTAT DE PARTIR...... C'est ainsi qu'écrivoit le 8 Janvier 1760, M. de Leyrit, Gouverneur de Pondichéry, à M. de Lally, Général de l'Armée du Roi dans l'Inde : voilà *ce sieur de Villiesme deux fois attaqué, & deux fois sans vengeance.* Il s'étoit battu en duel. Mon Adversaire auroit voulu apparemment qu'on vînt à son secours, en lui faisant couper la tête, suivant la Loi. Par cette seule imputation, le Lecteur peut juger des autres.

Crimine ab uno
Disce omnes.

Venons enfin à ces fameuses requêtes, *présentées*, nous dit-on *au Général Lally par de malheureux Indiens, sur des injustices courantes dont on ne se faisoit pas le plus petit scrupule, & qu'il est impossible de lire de sang-froid.* * IL EN EST UNE, ajoute immédiatement mon Adversaire, DONNÉE PAR GONERY-NAIKEN WAQUIL DU PALIAGAR DE TORÉOUR, *dans laquelle on lit ce qui suit. Le Suppliant est venu ici : Monseigneur, pour les*

* Premiere partie, pag. 316.

affaires de ſon Maître, au premier Février 1756. . . . . . . *Le Gouvernement* (DE PONDICHÉRY) *ayant menacé de le dépoſſéder & de donner ſa place à ſon frere cadet, le Suppliant a été obligé, ainſi que ſon Maître, de donner en préſent à pluſieurs perſonnes les ſommes ci-après, pour les intéreſſer en leur ſaveur; ſavoir.*

A M. de Leyrit en deux fois . . . . . . roupies, 36,000.

. . . .

. . . .

. . . .

A Candapa { *Valet de chambre, Interprete de M. de Leyrit, & à ſon frere. . . . . .* } 19,800....

. . . .

Une autre requête, pourſuit mon Adverſaire, *préſentée par le* NABAB JORKAN D'ALEMPARVÉ, *porte que, pour ſe procurer la reſtitution de ſes Aldées, il a donné,*

A M. de Leyrit, Gouverneur, la ſomme de mille quatre cents pagodes, d'une part; plus celle de cent roupies d'or, & finalement un ſerpeau de cinq cents roupies, ce qui fait en tout celle de ſept mille roupies, ci. . . . . 7,000 R.

. . . .

. . . .

Enfin, *le même Nabab expoſe dans deux autres requêtes, qu'il a été obligé de donner,* . . . . . .

. . . .

. . . .

. . . .

Au Valet-de-Chambre de M. de Leyrit. . . . . 1,850. R.

A L'ÉCRIVAIN DE M. DE LEYRIT. . . . . 15,000 R.

Au Maître d'Hôtel de M. de Leyrit. . . . . 1,000 R.

. . . .

. . . .

Toutes ces Pièces, reprend mon Adverſaire, *ſont originales, & je les produis. Il eſt aiſé de juger combien tous ces procédés devoient rendre notre nom odieux & mépriſable à ces Peuples.*

Il ne ſera pas moins aiſé de juger combien toutes ces fauſſetés doivent rendre odieuſe & mépriſable la cauſe de celui qui les pratique : ne perdons pas de temps : prouvons.

Deux plaignans, ſelon mon Adverſaire ; *le Paliagar de Toréour* & *le Nabab Jorkan d'Alemparvé.* Commençons par le *Paliagar.*

1° De qu'elle date eſt la Requête de ſon Waquil : l'avoit-il autoriſé ? cette Requête eſt-elle en François ? eſt-elle en Malabare ? Si c'eſt en Malabare, qui l'a traduite ? le nom de votre Interprete ? de qui tenoit-il ſes pouvoirs ? tout cela vaut bien la peine d'être éclairci.

2° Si cette Requête a été préſentée au Général, il l'avoit dans l'Inde, il l'avoit en France : pourquoi, dans ſes lettres au Gouverneur, pourquoi dans ſes Mémoires au Parlement, n'en a-t-il pas dit un mot ? pourquoi, ſoit avant, ſoit après ce fameux TAMTAM de 1759, au bruit duquel le Général fit publier que tous ceux qui voudroient porter des plaintes contre CANDAPA, ſeroient reçus comme des enfans par leur pere, tandis que ceux qui diſſimuleroient leurs griefs, ſeroient chabouqués & tranſportés aux Iſles, après avoir eu les oreilles coupées ; pourquoi, dis-je, ſoit avant, ſoit depuis ce doux TAMTAM, la Requête en queſtion n'a-t-elle pas vu le jour ? peut-être le Général attendoit-il que la mort vînt ôter au Gouverneur le moyen de réfuter les faits, ou de prouver le faux de cette Requête ? Non : le Gouverneur ſuccombe en 1764 : le Général écrit en 1766 ; il publie trois Volumes *in*-4° pour ſa défenſe, il produit une foule de Piéces, n'épargne pas le Gouverneur, le calomnie à chaque page, & cependant, la Plainte de *Toréour* ne groſſit point la liſte de ſes griefs ; & cependant la Requête ne figure point parmi ſes Piéces.

3° Il eſt temps de déchirer le voile ; il eſt temps de prouver directement que cette Requête du PALIAGAR DE TORÉOUR eſt une Piéce néceſſairement fabriquée à l'inſtigation, ou du Général qui n'aura pas oſé la produire, ou de ſon ſucceſſeur plus hardi. Lecteur, daignez me ſuivre avec attention.

Toréour eſt un nom ſuppoſé : que ce ſoit par erreur, je le veux croire. Mais enfin, il n'exiſte pas dans l'Inde de pays appellé *Toréour* ; c'eſt *Tourcour* qu'a dû, & ſans doute voulu dire mon Adverſaire. *Tourcour* eſt une Souveraineté gouvernée par un *Rhedi*. RHEDI ſignifie *Roi* ou *Prince*, comme RAJA : le *Rhedi* de *Tourcour*, le *Raja* du Tanjaour. Le premier, ſi je ne me trompe, eſt un mot Indien ; & le ſecond, un mot Mahométan. *Paléagar* eſt la dénomination commune des Princes tributaires. *Le Rhedi de Tourcour*, *le Raja du Tanjaour* ſont des *Paléagards* de la Nababie d'Arcate. Mais dans l'Inde, où l'on eſt exact ſur les titres, il eſt ſans exemple que les Princes, quand ils écrivent, ſe qualifient *Paléagards*, ſans faire précéder ce titre de leur aſſujettiſſement, du titre de leur Souveraineté. Cela ſeul rend ſuſpecte la Requête dont il s'agit. On y devroit lire, *Waquil du Rhedi Paléagar de Tourcour*, ou ſimplement *du Rhedi de Tourcour*.

Quoi

Quoi qu'il en ſoit, *Tourcour* eſt inconteſtablement poſſédé par un *Rhedi*. Or, avant l'arrivée de M. de Lally, deux concurrens ſe diſputoient cette Souveraineté. L'un des deux triomphe, c'étoit l'ami des François, j'ignore ſi nous le ſecourûmes. Mais la malheureuſe expédition du Tanjaour changea ſon ſort. Par quelle raiſon ? Je l'ignore également. Le fait eſt qu'il fut chaſſé par ſon concurrent, dès que le Général eut quitté le Tanjaour. On part pour le ſiége de Madras. Vers le même temps, le Rhedi dépoſſédé s'adreſſe au Gouverneur de Pondichéry, & le prie de parler en ſa faveur au Général. Le Gouverneur y conſent, mais à condition que le Rhedi prêtera au Général trois cent mille roupies. A ce prix, le Gouverneur devoit fournir au Rhedi deux cents Cypayes armés, que le Rhedi eût payés. Du reſte, point de Nazer: ce Nazer qui regardoit la Compagnie, & non le Gouverneur, eût monté tout au plus à vingt-cinq mille roupies. Le Gouverneur préféroit l'emprunt de 300 mille roupies, comptant bien néanmoins revenir ſur le Nazer au moment du rétabliſſement du Rhedi. Tel étoit ſon projet. Il en fait part au Général; pas un mot de réponſe directe de la part du Général. Mais il paroît douter que le Gouverneur attende pour l'exécution, les circonſtances favorables, & le dit à M. Chevreau, Intendant de l'Armée, qui le témoigne au Gouverneur. Celui-ci le raſſure. Cependant les Cypayes Anglois de Trichenapaly menaçoient les environs de Pondichéry. Le Général écrit au Gouverneur de garder le plus de Cypayes qu'il pourra. En conſéquence le Gouverneur garde à Pondichéry les deux cents Cipayes deſtinés au Rhedi de Tourcour. Celui-ci ne perd pas courage. Il ſe donne des mouvemens dans le Mayſſour, s'y procure des forces, & ſe remet, avec ces ſeules forces, en poſſeſſion de ſon Pays. On ſent qu'il ne pouvoit plus être queſtion avec lui, ni d'emprunt, ni de Nazer: mais auſſi-tôt, il offre de lui-même au Général, par la voie du Gouverneur, des Troupes pour aller reprendre Cheringham, & même être oppoſées à celles de Tiagar, qui ſe répandoient du côté de Pondichéry. Le Gouverneur en écrit au Général. Celui-ci lui reproche *d'avoir attendu de ſes nouvelles pour accepter les offres*...... Ici je demande au Lecteur un ſurcroît d'attention....... Les offres du *Paléagard de Tourcour*, c'eſt ainſi que M. de Lally déſigne le *Rhedi*, & c'eſt encore ainſi que ce *Rhedi* ſe trouve déſigné dans la requête. Sur le champ, le Gouverneur marque à ce *Rhedi* qu'on accepte ſes offres, & mande au Général, le 13 Décembre 1758, qu'il lui fera part de la réponſe du Rhedi. Sans doute que cette réponſe n'eſt jamais arrivée. Il n'en eſt pas queſtion dans la *correſpondance*, & je n'en ſuis point ſurpris; car je vois par une autre lettre du Gouverneur au Général, écrite le 16 Avril 1759, que Mahamet-Alikan, Nabab d'Arcate, faiſoit alors contribuer ſes tributaires à main armée; & *Tourcour*, eſt-il dit dans cette lettre, *n'a pu faire ſon accommodement qu'en s'engageant pour ſoixante & dix mille roupies :* c'eſt la derniere fois qu'on trouve ce nom dans la *correſpondance*.

Or, tout ce qui précéde, il faut que je le prouve; j'en conviens, prouvons donc.

Le 17 Novembre 1758, lettre de M. de Leyrit à M. de Lally...... *J'ai entamé aujourd'hui une négociation pour faire un emprunt aſſez conſidérable.*

Le 19 Novembre 1758, autre lettre de M. de Leyrit à M. de Lally....... *J'ai eu l'honneur de vous parler dans ma derniere* lettre, d'une négociation que j'avois entamée pour avoir de l'argent, mais ce n'est pas pour le moment présent. Pressé par le Waquil du Rhedi de Tourcour, qui a été chassé de son Pays par son Concurrent, depuis votre retour du Tanjaour, pour que je vous parle en sa faveur, je lui ai fait entendre que le meilleur moyen de vous engager à faire quelque chose pour lui, étoit de vous prêter une somme d'argent, & je ne lui ai pas moins demandé de trois cents mille roupies. Le Rhedi est actuellement retiré dans le Mayssour, chez un de ses parens, qui est en état d'avancer cette somme. Le Waquil a écrit à son Maître en conséquence, & sur la proposition que je lui ai faite de se rendre auprès de lui pour en avoir une réponse plus prompte, il m'a demandé deux cents Cypayes armés, que je compte lui fournir; je les tirerai d'un nombre beaucoup plus considérable, qui sont sur les Aldées à la disposition des Avaldars, & dont il a été fourni cinq cents aux nouveaux Fermiers qui les ont demandés. Je n'ose pas espérer que cette affaire nous procure trois cents mille roupies, mais je crois pouvoir compter sur cent mille, sans néanmoins vous assûrer positivement que cette affaire réussisse. J'ai mieux aimé parler d'un emprunt que de Nazer, pour avoir une plus forte somme. Je n'aurois pu exiger que vingt à ving-cinq mille roupies pour le Nazer, dont il sera essez temps de parler, lorsqu'il sera question du rétablissement de ce Rhedi, qui sera facile aujourd'hui que les Anglois ont peu de forces à Trichenapaly; la somme pourra se payer en partie sur le tribut qu'il devra, lorsqu'il sera remis en possession de son Pays. Ce tribut est un affaire de trente-cinq milles roupies par an pour la Compagnie; il payera les deux cents Cypayes qu'on lui enverra. Ce secours qui paroîtra venir de la Compagnie, lui donnera de la confiance & du crédit.

Le 24 Novembre 1758, lettre de M. de Leyrit à M. de Chamboy..... *Suivant ce que j'ai ſçu par M. Chevreau, il* (M. de Lally) *a mal pris encore ce que je lui ai marqué au ſujet du Rhedi de Tourcour, dont je ne lui propoſerai le rétabliſſement, ſi j'en obtiens le ſervice que j'en attends, que lorſque les circonſtances le permettront. Je n'ai jamais eu d'autre idée; s'il en a penſé autrement, il faut qu'il ait bien mauvaiſe opinion de ma judiciaire.* . . . . .

Le 29 Novembre 1758, lettre de M. de Lally à M. de Leyrit. . . . . . *Je vous conſeille de ramaſſer dans Pondichéry le plus de Cypayes que vous pourrez, duſſiez-vous abandonner Goudelour, ſi les Cypayes de Trichenepaly ſe préſentoient dans cette partie.*

Le 2 Décembre 1758, lettre de M. de Leyrit à M. de Lally. . . . . . *Les deux cents Cypayes que je voulois donner au Waquil de Tourcour, ſont arrivés ici. Je compte les garder pour renforcer la Garniſon de cette Place. J'ai en outre donné des ordres pour que les Capitaines Cypayes complétent leurs Compagnies. Comme ces Troupes ſont mal payées, les Recrues ſont difficiles. Je n'abandonnerai Goudelour qu'au cas que les Troupes de Trichenapaly ſe préſentent de ces côtés-ci.*

Le 5 Décembre 1758, lettre de M. de Leyrit à M. de Lally. . . . . . *Le Rhedi de Tourcour, dont j'ai eu l'honneur de vous parler, s'eſt remis en poſſeſſion de ſon Pays, avec les ſeules forces qu'il s'eſt procurées dans le Mayſſour. Il a douze cents Cypayes, deux cents cinquante Cavaliers, deux mille Caytoguiers, ſuivant ce qu'il marque, dont il vous offre les ſervices pour reprendre Cheringham, & même pour oppoſer aux Troupes de Thiagar.*

Le 8 Décembre 1758, lettre de M. de Lally à M. de Leyrit.

. . . . . *Je ne vois point pourquoi vous attendriez de mes nouvelles pour accepter les offres du* PALÉAGAR DE TOURCOUR.

Le 13 Décembre 1758, lettre de M. de Leyrit à M. de Laily. . . . . . *Les offres du Rhedi de Tourcour ont eu pour principal objet, de nous engager à retourner à Cheringham pour nous en remettre en possession. Je lui écris d'envoyer à Verdachelon les Troupes qu'il m'a fait offrir; lorsque je recevrai sa réponse, j'aurai l'honneur de vous en faire part.*

Et le 16 Avril 1759, lettre de M. de Leyrit à M. de Lally...... *Mahamet - Alikan a reçu des lettres du Gouverneur de Madras, par lesquelles il le presse de revenir auprès de lui, mais il s'en est excusé. Il a envoyé des Troupes sur Ariélour & Oreyar-Paléam, pour leur demander le tribut qu'ils doivent au Nabab d'Arcate. Ariélour s'est accommodé pour soixante mille roupies; Oreyar-Paléam a fait beaucoup de difficultés, & a répondu qu'il ne paieroit que lorsque le sort des armes auroit décidé entre les François & les Anglois, à qui la Province resteroit; on assûre néanmoins qu'il a promis aussi soixante mille roupies.* TOURCOUR *n'a pu faire son accommodement qu'en s'engageant pour soixante - dix mille; sçavoir, quarante mille pour le Gouvernement, dix mille pour Mahamet-Alikam, une pareille somme pour M. Pigot, & dix autres mille à répartir aux Officiers & autres.*

Voilà mes preuves : l'indignation m'avoit gagné, en écrivant l'Histoire de Tourcour : je me suis calmé en transcrivant ces preuves, & j'épargne à mon Adversaire la honte des réflexions que fournit maintenant *sa Requête originale du Paliagar de Toreour.*

Celle du *Nabab Jorkan d'Alemparvé* est encore plus pitoyable. Le Lecteur a sans doute prévenu mes objections; ce Nabab, ce

Souverain, ce Vice-Roi, car *Nabab* ſignifie en Mogol, ce qu'en Indien *Souba*, c'eſt-à-dire, *Vice-Roi : ce Vice-Roi Jorkan d'Alemparvé* a donc repréſenté, dans un temps qu'on ignore, au Général & Réformateur Lally, qui n'en a jamais rien dit, *qu'il avoit donné à M. de Leyrit, Gouverneur, pour ſe procurer la reſtitution de ſes Aldées, ſept mille roupies.* Mais voilà que le même Sonverain expoſe dans une autre Requête, au même Général & Réformateur Lally, qui garde encore ſur cette Requête, dans l'Inde, en France, un très-profond ſecret, *qu'il a donné à l'Ecrivain de M. de Leyrit quinze mille roupies ;* ainſi le Magnifique *Vice-Roi Jorkan d'Alemparvé* donne au Maître, ſon Protecteur ſept mille roupies, & quinze mille au Domeſtique *.

J'ajouterai, en finiſſant, une légere obſervation. J'ignore ce que veut dire *Jorkan :* eſt-ce un nom propre ? un nom de dignité ? mes connoiſſances ne vont pas juſques-là. Mais, je ſçais qu'il n'exiſte point dans toute l'Inde de *Nababie d'Alemparvé :* je ſçais qu'Alemparvé eſt un petit poſte à huit ou neuf lieues au ſud de Pondichéry, duquel poſte M. de Lally, en partant pour le Tanjaour, avoit fait l'entrepôt d'une partie de l'Artillerie deſtinée au Siége de Madras, ſans avoir voulu, ni prendre, ni laiſſer les moyens de prendre aucune précaution pour la défenſe de cet entrepôt : fait prouvé au Procès par toutes les charges ; ce qui mettoit le Gouverneur dans des tranſes continuelles d'un coup de main ſur ce poſte de la part des Anglois.

C'en eſt aſſez, ma plume eſt laſſe : j'oſe croire qu'il eſt temps

* *Domeſtique*, homme de la maiſon, *è domo ;* voilà comme je l'entends, avec la Loi.

d'abandonner au ſort qu'elle mérite, cette production, dont chaque ligne eſt une inſulte aux lecteurs, aux Juges, à la vérité, à l'humanité entiere. N'eſt-ce pas en effet inſulter l'humanité que d'oſer ſoutenir qu'*une Cour Souveraine, quarante Magiſtrats, conjurés avec toute une Colonie, ont machiné, conſommé par un Arrêt unanime, l'aſſaſſinat juridique d'un vieil Officier Général, ſeul innocent, au milieu de cette bande de monſtres acharnés?*

Telle eſt pourtant la défenſe de mon adverſaire. La mienne eſt différente. Il a ſucceſſivement outragé dans ſes écrits, après les témoins & les Juges, la mémoire de mon oncle, celle de mon pere & moi. Ce qui m'eſt perſonnel, je le pardonne; ce qui touche mon pere, je le réſerve; ce qui bleſſe mon oncle, j'en demande la ſuppreſſion. Je la demande aux Juges du procès, où ſe montre la vérité près de la calomnie. J'oppoſe l'une à l'autre: j'interviens, excité par l'honneur, avoué par la Patrie, autoriſé par la Loi. Son heure approche; je me tais, je réprime les mouvemens d'un cœur, affligé depuis trois ans par des libelles, mais conſolé enfin par la préſence de la Juſtice.

Du Val d'Epremesnil.

Monſieur DE VILLEDIEU DE TORCY, *Rapporteur.*

LAGOUTTE, Procureur.

De l'Imprimerie de LOTTIN l'aîné, Imprimeur-Libraire du Roi, & Ordinaire de la Ville, rue S. Jacques, au Coq; 1783.

www.ingramcontent.com/pod-product-compliance
Lightning Source LLC
LaVergne TN
LVHW050456160826
845677LV00003B/810

* 9 7 8 2 3 2 9 6 6 0 7 3 8 *